SENTIMENS
SUR PLUSIEURS
TABLEAUX.

SENTIMENS

SUR PLUSIEURS

DES TABLEAUX

EXPOSÉS CETTE ANNÉE

Dans le grand Sallon du Louvre.

M. DCC. LV.

SENTIMENS

SUR PLUSIEURS

DES TABLEAUX,

Exposés cette année 1755, dans le grand Sallon du Louvre.

MON AMI,

Vous ne pouvez attendre que je
sois de retour à Paris, vous me de-
mandez avec impatience mon avis
sur les tableaux exposés cette année au
Louvre, & vous oubliez de m'en-
voyer le petit livre qui en donne la
description; il auroit servi à me les
rappeller. Il y en a beaucoup qui

m'ont frappé : le tems preſſe , je vais vous en parler.

Mon jugement n'eſt point une dé-ciſion , c'eſt un ſentiment que vous devez comparer aux impreſſions que vous aurez reçues & à l'avis unanime des connoiſſeurs , c'eſt-à-dire de tous ceux qui vous donneront des rai-ſons.

Je ne vous dirai rien ou peu de choſes de nos Artiſtes , dont les talens ſont généralement connus. Chacun d'eux a des beautés dans le genre où il excelle : on les attend, on les trouve : on n'en doit pas exiger davantage. Ce ſont des hommes faits dont il faut reſpecter les défauts. Tel d'entr'eux peut répondre aux critiques impru-dentes, ridicules & cruelles dont on l'accable : vous avez raiſon ; mais il y a tant de tems que je travaille , & j'ai tel âge.

Entrons dans le ſallon. M. *Louis-Michel Vanloo* l'a enrichi de beaucoup de portraits qui attirent & fixent les regards. Quelles vérités dans les détails ! quelle fraîcheur dans le coloris ! Cet Artiste & son neveu semblent tenir de la nature même, les tons & l'assemblage des plus belles couleurs.

Le portrait de M. de Roissy par M. *Tocqué*, est de la plus grande force ; tout en est vrai ; la tête touchée vigoureusement ne sent point la peine. Je n'appellerai point cet Artiste le Vandyck de notre siecle ; les ouvrages d'un habile peintre ne sont comparables qu'à la nature qu'il a si parfaitement rendue.

Remarquez le portrait de M. Silvestre par M. *Greuze* : l'expression en est admirable : il doit ressembler. Je desirerois un peu plus de rondeur dans le total de la figure & sur-tout dans la draperie. J'ai bien des choses à vous dire de cet aimable Artiste. Il doit être en garde contre la sécheresse.

N'est-on pas frappé de l'effet agréable & piquant du jeune Ecolier, peint par M. Drouais, le fils ? La lumiere la plus vive raſſemblée au milieu du tableau comme dans un centre, & diſperſée enſuite avec une juſte dégradation, eſt la cauſe de l'illuſion qu'il produit. C'eſt par cet art, c'eſt par cette magie que Rembrand, qui ne l'avoit appris que de la nature, nous étonne par ſes tableaux dont les détails ſont ſouvent faux, mal deſſinés & deſagréables. Je ſouhaiterois que les acceſſoires d'un tableau ſi ſimple que celui-ci fuſſent toujours rendus. La touche de la tête eſt exquiſe ; mais la matiere du chapeau & celle de l'habit ne ſont pas aſſez déſignées. Cet Artiſte étoit en état de le faire.

Admirons ces détails dans ce beau tableau de M. *Carlo Vanloo*, qui repréſente une converſation eſpagnole. Chaque étoffe y eſt diſtinguée : le ſatin, le velours, le taffetas ont des maſſes différentes rélativement à leur plus ou moins de foupleſſe, & rélativement au nud des figures : les plis de ces étoffes, leurs reflets ſont variés, & tels enfin que chaque couleur ou chaque eſpece l'exigeoit. La nature n'eſt pas plus belle, ou plutôt c'eſt elle-même.

J'ai été enchanté du tableau du même Artiſte, qui repréſente la Peinture ſous la figure d'une jeune femme. Elle a cet enthouſiaſme & ce feu que doit avoir un Peintre le pinceau à la main. Je n'ai rien vu de M. *Vanloo* qui eût autant de grace & d'expreſſion.

Le beau tableau de M. Reſtout qui repréſente le Lavement des pieds, n'eſt pas aſſez admiré. La perſpective en eſt vraie, les grouppes bien diſpoſés & variés, leurs lumieres dégradées : on tourne autour des figures, les parties en ſont bien deſſinées, & cependant ce tableau n'eſt pas fini. J'ai entendu des gens blâmer cette couleur d'un ton jaune & verd, qui eſt répandue dans tout le tableau : c'eſt préciſément ce

qui me le fait eſtimer. La ſcène ſe
paſſe dans une ſalle dont la décoration eſt une architecture de pierre ;
les couleurs des robes des Apôtres
groſſieres & ſimples , tirent preſque
toutes ſur le jaune, le verd & le bleu ;
la lumiere des lampes eſt ſans éclat &
jaunâtre. Toutes ces choſes concourent
à former une lumiere totale & généralement répandue dans tout le lieu.
C'eſt dans cette intelligence que con-
ſiſte l'effet & l'harmonie d'un tableau.
Preſque tous les Peintres ne l'ont pas
connue, parce qu'ils ne conſultent pas
aſſez la nature (a). Si l'on éclaire ſuc-
ceſſivement un même endroit avec
des bougies , des chandelles ou des
lampes , on appercevra toujours une lumiere totale rélative à l'éclat , à la couleur , & au mêlange de la ſomme des
couleurs environnantes.

(a) Ils devroient auſſi étudier cette partie
de la phyſique, qui traite de la lumiere & de
ſes accidens.

[11]

Si ce principe eſt vrai, j'oſerai blâmer l'effet d'un petit tableau qui eſt
dans la premiere ſalle de l'Académie
royale des Peintres. Il eſt éclairé par
une ſeule lumiere vive & très-blanche,
& cependant les figures ſont d'un rou-
ge obſcur.

Les Pélerins d'Emmaüs par M. *Hal-
lé*, ſont peints avec vigueur. Dans le
haut du tableau, il y a un très-bel effet
de lumiere ; mais l'action principale
eſt-elle vraie ? Jeſus-Chriſt après s'être
fait reconnoître en rompant & béniſ-
ſant le pain diſparut. Cette diſparution
n'eſt point une Aſcenſion. J'aurois
voulu que Jeſus-Chriſt vu ſur le même
plan où ſont les deux Diſciples, eût
été environné d'une lumiere éblouiſ-
ſante, au milieu de laquelle il auroit
été peint vague & deſſiné de la plus
grande légéreté, de façon que l'on eût
pu penſer que les Pélerins ſurpris al-
loient ceſſer de le voir.

N'oubliez pas de revoir pluſieurs

fois les ouvrages de M. *Collin de Ver-mont*. Le deffein de ce Peintre eft grand, noble & fage; c'eft le Pouffin de nos jours.

Le Jugement dernier de M. *Challe* eft peint & deffiné d'une grande maniere. On trouve dans fes tableaux de la force & de la majefté : ils ne font pas expofés dans un jour favorable.

Que de talens dans M. *Vernet* ! je trouve chez lui plufieurs grands Artif-tes : la variété, le gracieux, la délica-teffe de Vatteau ; le noble, le vigou-reux, le pittorefque de Salvator Rofe. Quels effets de lumieres ! tout eft vrai, tout eft animé chez lui. J'ai cru voir l'agitation des eaux ; j'ai cru entendre frémir l'air autour de fes arbres. Il feroit à fouhaiter que les tableaux qu'il a peint pours le Roi fuffent gravés & accompagnés d'une defcription. Sur fon port de Marfeille & dans fon ar-fenal de Toulon, dont les détails font exacts, fans confufion & méthodique-

ment ordonnés, on apprendroit faci-
lement des chofes que bien des per-
fonnes devroient fçavoir, & dont elles
auroient de la peine à fe faire inftrui-
re. Pourquoi nos Peintres, prefque toujours occupés d'idées vagues, fingulie-
res & bien fouvent inutiles, ne s'af-
ferviffent-ils pas quelquefois à repré-
fenter des chofes connues, de nos jours,
mais toujours d'un beau choix ? Ils
feroient précieux aux étrangers, à la
poftérité : on liroit dans leurs tableaux
l'hiftoire des coutumes, des arts, des
nations ; ils feroient toujours intéref-
fans, s'ils étoient vrais, parce qu'ils
feroient utiles.

Le Naufrage, du même auteur, eft
de la plus forte expreffion. L'aridité &
la folitude de la côte dont les bords
font efcarpés, ajoutent encore à l'hor-
rible fituation de ces malheureux, qui
deftitués de tout fecours vont être les
affreufes victimes de la tempête.

Le portrait de M^e la Marquife de

Pompadour a de très-beaux détails : je les ai admirés.

On doit efpérer des talens de M. *de la Grenée* ; ce fera un Deffinateur, on voit bien qu'il travaille d'après nature ; fes touches font hardies, fur-tout dans les mains de fon Promethée qui eft une belle chofe. Son Antiope eft d'une couleur fuave & d'un deffein coulant.

Il me femble que la tête du petit Amour n'a pas l'expreffion qui lui convient ; je voudrois le voir foûrire malignement de quelque efpiéglerie qui l'occuperoit même en dormant. Cela ajoutéroit à ce morceau qui a des beautés.

M. Vien nous a donné beaucoup de chofes & bonnes. Ce laborieux & fécond Artifte ira loin ; vous le verrez quelque jour tenir un rang diftingué dans l'Ecole Françoife. Son tableau de S. Germain & S. Vincent, eft d'une couleur bien vigoureufe.

[15]

Vous connoiſſiez déja celui d'Icare ;
je l'ai revu avec plaiſir. Avez-vous pris
garde aux mains du S. Jerôme, ſure-
ment elles ſont faites d'après nature.

Lorſque vous avez vu le grand tableau d'animaux peint à l'encauſtique
par M. Bachelier, n'avez-vous pas
ſouhaité qu'il s'attachât à ce genre ? Il
y a long-tems que dans cette partie,
nous avons beſoin d'un homme qui
promet autant que lui.

Que je m'arrête avez plaiſir devant
les petits tableaux de M. Greuze !

Un pere de famille lit la Bible à
ſes enfans ; touché de ce qu'il vient
d'y voir ; il eſt lui-même pénétré de
la morale qu'il leur fait : ſes yeux ſont
preſque mouillés de larmes ; ſon épou-
ſe aſſez belle femme & dont la beau-
té n'eſt point idéale, mais telle que
nous la pouvons rencontrer chez les
gens de ſa ſorte, l'écoute avec cet air
de tranquillité que goûte une honnête
femme au milieu d'une famille nom-

breufe qui fait toute fon occupation,
fes plaifirs, & fa gloire. Sa fille à cô-
té d'elle eft ftupéfaite & navrée de
ce qu'elle entend; le grand frere a une
expreffion auffi finguliere que vraie.
Le petit bonhomme qui fait un effort
pour attraper fur la table un bâton,
& qui n'a aucune attention pour des
chofes qu'il ne peut comprendre, eft
tout-à-fait dans la nature ; voyez-vous
qu'il ne diftrait perfonne, on eft trop
férieufement occupé ? Quelle nobleffe!
& quel fentiment dans cette bonne
maman qui, fans fortir de l'attention
qu'elle a pour ce qu'elle entend, re-
tient machinalement le petit efpié-
gle qui fait gronder le chien : n'en-
tendez - vous pas comme il l'agace,
en lui montrant les cornes ? il eft char-
mant. Quel Peintre ! Quel Compofi-
teur ! Son tableau de l'Aveugle avec
autant d'expreffion, eft d'un effet de
lumiere plus piquant. Cet Artifte n'a
que vingt-neuf ans. Voilà les ouvra-

ges dont un homme peut fe faire gloire : Ils font honneur à fon efprit ; ils font l'éloge de fon cœur. On penfe qu'il a une ame délicate & fenfible. On voudroit le connoître. Il eft le Moliere de nos Peintres.

Je fuis fûr que M. Greuze eft un homme attentif à tout ce qui l'environne ; c'eft un Spectateur qui guette continuellement la nature, & fçait la faifir dans ce qu'elle a de plus intéreffant. Il a raifon ; elle eft le plus grand maître. En la fuivant, en l'imitant , il n'aura jamais de maniere ; tout ce qui fortira de fes mains fera précieux & nouveau. Lorfque l'on a un tableau choifi de la plûpart des grands Peintres , on eft affez riche : ils font toujours les mêmes avec plus ou moins de fini : le moindre connoiffeur les diftingue en les voyant même de loin. C'eft d'un tel , dit-il ; voilà fes effets de lumiere ; ce font fes airs de tête , fes attitudes ; ne remettez-vous pas la diftribution , les maffes , les plis de fes draperies ? Il a raifon ; il ne fe trompe point. Mais lorfque l'on verra un tableau bien deffiné, d'un choix heureux , plein de fineffe & d'ame , d'une expreffion délicate & toujours vraie , j'augure que l'on dira , ce tableau doit être de Greuze (*a*).

Je défirerois que M. Cochin fît au Public le plaifir de graver lui - même les deffeins qu'il a fait dans fon voyage de Rome. L'expreffion & le caractere propre de chaque Maître y font reconnoiffables.

Je paffe aux morceaux de Sculpture. Tout le monde connoît le beau Milon de Monfieur Falconet. Admirez fon petit modele en terre cuite , qui repréfente la Vierge dans l'inftant où elle répond à l'Ange ; *je fuis la Servante du Seigneur , qu'il me foit*

______

(*a*) Pourvu que ce jeune Artifte foit bien perfuadé qu'il n'eft encore que le commencement d'un grand homme.

fait felon votre parole. L'attitude de la figure eft noble & décente ; l'air de la tête refpire la pudeur ; c'eft un moment délicat parfaitement rendu.

Je finis par le modele de la Chaire de Saint-Sulpice. La penfée en eft ingénieufe : mais je défirerois que dans l'exécution de ce grand morceau, M. Slodtz le rendît le plus fimple & le plus léger qu'il pourra.

Permettez-moi mon ami, quelques réfléxions fur ces fortes de monumens. La décoration d'une Chaire me paroît déplacée & ridicule ; n'eft-elle pas même indécente ? Un Miniftre du Seigneur prêchera l'humilité & le mépris des vanités dans une efpece de thrône élevé par le fafte & l'orgueil. Où eft la convenance ? je ne voudrois qu'une fimple tribune, un appui de baluftrade fuffifamment élevé pour être apperçu de tous les côtés. On doit craindre ici que l'œil du Spectateur ne foit diftrait & amufé par tous ces or-

nemens frivoles. Le Prédicateur y fe-
ar enterré. D'ailleurs la diftribution
générale de la décoration condamne
abfolument ces fuperfluïtés. Une Chaire de Prédicateur eft placée dans la
nef de l'Eglife. La nef doit être déco-
rée fagement , par conféquent tous
les acceffoires en doivent être fages &
fimples. Refervez toutes les richeffes
pour le Sanctuaire ; qu'elles y attirent
naturellement les regards. Vous fen-
tèz bien que je dois auffi condamner
la décoration mal fonante des bancs
de Marguilliers de la plûpart de nos
Paroiffes. Ils devroient être médiocre-
ment élevés , & fans diftinction re-
marquable. Je brule d'être à Paris
pour voir quelques morceaux dont
vous me parlez , & que l'on a expofés dans mon abfence. Adieu , je fuis
votre ami D..p..te P. D. M.

P. S. Je me fouviens de quelques
Payfages de M. Jaliard. La touche en
eft ferme & variée. Ce Payfagifte promet beaucoup.